RATUS POCHE

COLLECTION DIRIGÉE PAR JEANINE ET JEAN GUION

❧

Le robot de Ratus

Les aventures du rat vert

© Hatier Paris 2003, ISSN 1259 4652, ISBN 978-2-218-74363-4

Le ballon-soleil

suivi de

Le robot de Ratus

Deux histoires de Jeanine et Jean Guion
illustrée par Olivier Vogel

HATIER
jeunesse

Ratus
l'affreux
rat vert

LES PERSONNAGES
DES HISTOIRES

Marou et Mina
qui aiment
rire et jouer

Belo
le bon grand-père chat

Dans l'histoire, où est Ratus ?

Le ballon-soleil

Sur le chemin, Marou 1

joue au ballon avec Mina. 2

Ratus est assis

sur son mur :

il regarde. 3

Que fait Marou, dans l'histoire ?

Le ballon tombe 4

sur un clou. 5

Marou ramasse

son ballon :

il est dégonflé ! 6

Où est le bon
dessin ?

Marou va à la maison.

Il dit à Belo :

– Répare mon ballon.

Il est dégonflé.

Et Belo répare le ballon.

Que fait Ratus dans l'histoire ?

Mina est restée

sur le chemin.

Elle regarde Ratus :

assis sur son mur,

il rit, le méchant !

8

Où est le ballon réparé ?

Le ballon est réparé.

Belo a collé 9

un gros soleil 10

sur le ballon.

C'est très joli.

Ratus ne rit plus !

FIN

Que fait Mina dans l'histoire ?

Le robot de Ratus

Le rat vert a acheté un robot-rat 11

pour faire peur aux chats. 12

Une nuit, Ratus envoie son robot

dans la maison de Belo.

Mina entend un bruit : 13

c'est le robot-rat !

Elle jette un vase 14

sur la machine de Ratus.

Que fait Belo dans l'histoire ?

L'eau du vase coule dans le robot 15

qui tombe en panne !

Tous les chats sont debout.

Belo répare le robot.

– On va punir Ratus, dit-il.

Je vais apprendre au robot 16

à faire peur au rat vert.

Où est le bon dessin ?

Le robot est revenu

dans la maison de Ratus.

Il crie : – Hou ! Hou ! 17

Le rat vert a peur.

Il va dans sa chambre

et il se cache sous son lit.

Le robot est revenu. Que fait-il ?

Alors le robot va dans la cuisine.

Belo lui a aussi appris 18

à manger le fromage. 19

Le rat vert crie :

– Au secours ! Mon robot est fou !

Il mange mon fromage.

Comment finit l'histoire ?

Ratus est en colère.

Il prend un gros marteau [20]

et il tape sur son robot.

La machine se casse.

– Ouf ! dit le rat vert.

J'ai sauvé mon camembert ! [21]

FIN

alphabet des **majuscules**

A – a	H – h	O – o	V – v
B – b	I – i	P – p	W – w
C – c	J – j	Q – q	X – x
D – d	K – k	R – r	Y – y
E – e	L – l	S – s	Z – z
F – f	M – m	T – t	
G – g	N – n	U – u	

1
un **chemin**

2
un **ballon**

3
il **regarde**
Il **regarde** un film.

4

il **tombe**

5

un **clou**

6

il est **gonflé**

il est **dégonflé**

7

une **maison**

8

il est **méchant**

9

collé
de la **colle**

Il **colle**.

10

le **soleil**

11

un **robot**

12

faire *(fè-re)*

il a **peur**

13

il **entend**

il fait du **bruit**

14

elle **jette** *(jè-te)*

15

l'**eau** *(lo)*

28

16
je **vais** *(vè)*

apprendre
(a-pran-dre)

apprendre à lire

17
Hou ! Hou !
(ou - ou)

18
aussi *(o-si)*

19
manger *(man-jé)*

il **mange**

20
un **marteau**

21
sauvé *(so-vé)*

un **camembert**

Les aventures du rat vert

Super-Mamie et la forêt interdite

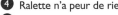

Conception graphique couverture : Pouty Design
Conception graphique intérieur : Jean Yves Grall • mise en page : Atelier JMH

Imprimé en France par Pollina, 84500 Luçon - n° L52524
Dépôt légal n° 74363-4/08 - janvier 2010

Collection Ratus Poche